DISCOURS

PRONONCÉ DANS LA

CHAPELLE DE L'ARCHEVÊCHÉ

A L'OCCASION

DE LA FÊTE DE SAINTE ÉLISABETH

PATRONNE

DES DAMES DE MISÉRICORDE DE REIMS

Le 24 Novembre 1874

PAR M. l'Abbé V. TOURNEUR

Vicaire capitulaire,

ancien Vicaire Général de S. Ex. Mgr LANDRIOT,

Archevêque de Reims.

IMPRIMERIE COOPÉRATIVE DE REIMS

Rue Pluche, 24 [E. Gény, dir.]

1874.

DISCOURS

PRONONCÉ DANS LA

CHAPELLE DE L'ARCHEVÊCHÉ

A L'OCCASION

DE LA FÊTE DE SAINTE ÉLISABETH

PATRONNE

DES DAMES DE MISÉRICORDE DE REIMS

Le 24 Novembre 1874

PAR M. l'Abbé V. TOURNEUR

Vicaire capitulaire,

ancien Vicaire Général de S. Ex. Mgr LANDRIOT,

Archevêque de Reims.

IMPRIMERIE COOPÉRATIVE DE REIMS

Rue Pluche, 24 [E. Géuy, dir.]

1874.

DISCOURS

PRONONCÉ DANS LA CHAPELLE DE L'ARCHEVÊCHÉ

à l'occasion de la Fête de Sainte Elisabeth

PATRONNE DES

Dames de Miséricorde de Reims

Le 24 Novembre 1874

Defunctus adhuc loquitur.
Il n'est plus, et il parle encore.
(S. PAUL, Hebr., XI, 4.)

MESDAMES,

Telles sont les paroles appliquées autrefois par saint Paul au juste Abel : il n'est plus, et pourtant il ne cesse pas d'intercéder pour nous auprès de Dieu, et de nous édifier par les souvenirs qui nous restent de lui, *defunctus adhuc loquitur*. Mais aujourd'hui, dans l'assemblée des *Dames de Miséricorde*

de Reims, réunies dans cette chapelle ar-
chiépiscopale, pour y célébrer la fête de
sainte Elisabeth, choisie pour leur modèle
et leur patronne, par celui qui a su vivifier
et transformer leur œuvre, puis-je faire autre
chose que de les lui appliquer à lui-même?
— *Defunctus adhuc loquitur*, du fond de
son tombeau, sa voix éloquente s'élève encore pour leur parler! — Il vous parle,
n'est-il pas vrai, Mesdames, par les souvenirs qui se pressent ici de toutes parts ? —
Cet autel, sur lequel il offrait pour vous le
saint sacrifice, votre reconnaissance l'avait
orné, vous aimez à l'y revoir encore, par la
pensée, dans la douce majesté du Pontife
et du Père, laissant couler sur vous, de
ses lèvres, les flots de vérités, de consola-
tions et de lumière qui débordaient de son
esprit et de son cœur. Ces voûtes ne sem-
blent-elles pas avoir gardé les échos de ses
paroles, pour vous les renvoyer encore aujourd'hui, *defunctus adhuc loquitur?* Ne
le voyez-vous pas toujours dans le salon

voisin, familièrement assis comme un père
au milieu des siens, provoquant leurs ques-
tions, y répondant avec une bonté, une
ingénuité qui les charmait ? — C'est là aussi,
dans cette même salle, que vous l'avez con-
templé pour la dernière fois, étendu par la
mort sur un lit funèbre, et gardant, même
après son trépas, ce sourire, cette calme et
majestueuse sérénité que vous aviez si souvent admirés pendant sa vie. Ah ! dites-le
moi, vous toutes qui êtes venues vous age-
nouiller filialement à ses pieds, pour adres-
ser à Dieu, en faveur de son âme, la plus
fervente de vos prières, est-ce que vous
n'avez pas entendu votre Archevêque vous
remercier, en faisant retentir dans vos
cœurs de suaves accents ? — Est-ce que
vous les avez oubliés, ces accents ? — Non,
sans doute ! Il vous parle, il vous parlera
toujours, *defunctus adhuc loquitur*. Loin
de moi, Mesdames, la pensée d'essayer seu-
lement une nouvelle oraison funèbre, après
celle qui vous a si fortement émues. Mais,

réuni en ce moment à la famille privilégiée de l'illustre archevêque de Reims, Mgr Landriot, je voudrais répondre aux désirs de ses enfants, comme aux miens, en leur disant, simplement et en deux mots, comment il leur parlera toujours : 1° par les *souvenirs* qu'il leur a laissés ; 2° par les *livres* qu'il a écrits pour eux. — *Defunctus adhuc loquitur,* il n'est plus, et il nous parle encore. Ai-je besoin de solliciter votre attention ?

I

Le principal *souvenir* que nous laisse Mgr Landriot, et qui résume toute sa vie, c'est qu'il fut un véritable *Apôtre*. Mais, pour vous faire apprécier la grandeur de cet éloge appliqué à un évêque, permettez-moi, Mesdames, une courte explication.

Sans doute, N.-S. J.-C. est le modèle accompli de tous les chrétiens, et l'âme la plus parfaite sera celle qui saura s'en rapprocher le plus. Mais n'est-il pas évident que, s'il est le type achevé de la sainteté intérieure par sa vie intime, il n'y a qu'un bien petit nombre d'âmes qui soient appelées à le reproduire tout entier, en ajoutant, à l'imitation de son cœur divin, la répétition des actes de sa vie publique. De ce nombre sont les apôtres et leurs successeurs ; et, parmi eux, le plus admirable sera celui qui aura su marcher le mieux sur ses traces. —

Or, écoutons l'Evangile. Après les préparations de Nazareth, dans l'obéissance, le recueillement et la prière ; après qu'il a reçu visiblement le Saint-Esprit dans les eaux du Jourdain, et qu'il a subi l'épreuve des quarante jours au désert, Jésus commence sa vie publique et ce ministère des âmes, qui devra durer sur la terre jusquà la fin des temps. — Que fait-il ? — Une seule chose, pour ainsi dire : *il prêche !* Entendez-le, sur la montagne ; sur les bords du lac ; au désert, où les foules le suivent ; dans la synagogue ; dans le temple... partout, toujours ! Il explique en particulier aux disciples, ce qu'il n'a qu'indiqué en public. Il accueille Nicodême pendant la nuit ; il accorde de longs entretiens à Marthe, à Marie, à la Samaritaine. Ses miracles ne sont que la confirmation de ses discours : *Ut credant quia tu me misisti* (1), dit-il au moment de ressusciter Lazare ! Et quand l'heure est

(1) Joan., 11, 42.

venue de garder le silence, après le long et admirable sermon qui suivait la cêne, il monte au Calvaire pour prêcher, par ses exemples, ce qu'il avait si souvent recommandé par sa parole : l'obéissance dans l'épreuve, la patience, l'amour de Dieu, la fidélité à la prière, le ciel par la croix.

Il monte au ciel, mais ses apôtres continueront sa mission : *euntes docete !* allez, enseignez (1). Rien ne les distraira, pas même le soin des pauvres, si sacré pour l'Eglise ! les diacres s'en occuperont ; mais eux, ils prêchent, *nos vero ministerio verbi instantes erimus* (2). Pour nous, disent les apôtres, nous nous appliquerons au ministère de la parole, jusqu'au jour où il faudra nous en aller au ciel en versant notre sang. Leurs disciples recevront la même consigne, *Prædica verbum, argue, increpa, obsecra, opportunè, importunè...* (3). Reprenez,

(1) Matth., 28, 19.
(2) Act., 6, 4.
(3) 2 Tim., 4, 2.

priez, prêchez, à temps, à contre-temps, tel est l'ordre donné par saint Paul à Timothée, et par lui à tous les évêques du monde.

O saint évêque que nous pleurons, qui donc l'a mieux observée que vous, cette consigne dans laquelle se résume, pour ainsi dire, tout l'apostolat de vos modèles, depuis J.-C. jusqu'à nos jours? Instruire, semer à pleines mains la bonne nouvelle; prêcher, prêcher toujours ! C'est votre œuvre, c'est votre vie. Un des amis qui vous ont le mieux connu, résume en deux mots votre règle de conduite, quand la Providence vous formait au gouvernement des diocèses, par l'administration d'un séminaire. « Ne rien faire, ne rien laisser faire, faire faire (4). » Vous abandonniez aux coopérateurs que vous vous étiez choisis tous les détails des affaires, mais vous les surveilliez, mais vous les dirigiez en toutes choses,

(4) *Notice,* par M. l'abbé Duchêne, supérieur du petit Séminaire d'Autun, p. 16.

sans vous charger personnellement d'au-
cun. Il n'y a qu'un travail dont vous vous
réserviez le fardeau, si accablant quelque-
fois, c'était celui de la prédication évangéli-
que : stations d'Avent et de Carême, tour-
nées pastorales, dont chaque jour, pendant
plusieurs semaines, ramenait un sermon
nouveau, et le plus souvent en plein air ;
pèlerinages, bénédictions, ou d'églises, ou
de cloches, ou de chemins de fer, ou de vais-
seaux, ou de calvaires ; car, tel fut le sujet
de son premier sermon d'évêque, comme de
son dernier ! L'infatigable apôtre est toujours prêt. — Et vous savez comment, Mesdames ? — C'est que toute sa vie se concen-
tre dans cette préparation. Voyez-vous cette
lampe qui s'allume à une heure où tous dans
la cité ont encore besoin de prolonger leur
sommeil ? — C'est celle de votre Archevêque. — Tout à l'heure, quand il aura fortifié
son âme par la prière, et offert pour nous
le saint sacrifice, il commencera cette longue
étude, ininterrompue pendant six heures en-

tières. Il lira, la plume à la main, tous les Pères de l'Eglise, tous les auteurs de l'antiquité profane, tous les écrits des penseurs modernes, et jusqu'aux littérateurs et aux poètes. Il en extraira d'immenses matériaux, remplissant près de mille cahiers différents ; et quelque sujet qui s'offre à traiter, ou que les circonstances lui imposent, il est prêt ! — Que la guerre amène nos vainqueurs au pied de sa chaire ? — Qu'il faille des leçons adaptées à des événements qui ne se reproduisent pas deux fois en un siècle, et qu'aucune sagacité humaine n'aurait pu prévoir ? — Il est prêt !.. Vous n'avez pas oublié, plus que moi, l'admiration, l'émotion qui nous suspendait à ses lèvres pendant ces jours d'angoisse.

Est-ce tout ? Non. Notre futur Archevêque avait treize ans quand il perdit sa mère. Mais la reconnaissance et l'affection filiale avaient laissé dans son âme une ineffaçable empreinte. En sa mère, il aimait toutes les mères. Il comprenait de plus, que, dans ce siècle affairé, dans ce siècle où l'ignorance des vérités religieuses et l'indifférence pratique ont fait parmi les pères de familles tant de ravages, il n'y a qu'un seul moyen de raviver la foi et d'en sauver les restes : c'est de la développer et de l'affermir au cœur des mères ; car ce seront elles qui la transmettront à leurs enfants. De là naquirent, ou se développèrent, ces deux œuvres de charité, de La Rochelle et de Reims ! Il attirait vos cœurs par l'appas irrésistible pour vous, du bien à faire, et des pauvres à soulager ; et il en profitait, pour y semer ce bon grain de l'Evangile, qui, reçu dans une terre excellente et bien préparée, a tant de fois centuplé ses fruits. Ce que la prédication avait ébauché, la causerie du salon l'achevait ; l'entretien du cabinet et du confessionnal y mettait la dernière main ; et souvent, la correspondance allait perfectionner au loin le bien commencé par la parole. Et pourtant ce n'est pas tout ! la part la plus riche, la plus précieuse de cette parole si sainte, était réservée aux épouses de Jésus-Christ, qui se sanctifient dans le cloître, afin de mieux prier pour vous ; ou qui se dévouent à vous donner un jour, par l'éducation de vos filles, des aides et des remplaçantes dignes de vous.

Et voilà, Monseigneur, comment vous avez été Apôtre, et comment vous avez fidèlement imité Jésus-Christ Notre-Seigneur, dans les travaux incessants de la vie publique. *Euntes docete.* Il restait la dernière prédication, celle de la souffrance ! Pourrions-nous oublier jamais comment vous nous l'avez donnée ? Quelle patience, quelle douceur, quelle résignation à la volonté divine, quel constant oubli de vous-même, pour ne penser qu'à ceux que vous aimiez ! O saint Pontife, nous nous sommes unis de grand cœur aux triomphantes funérailles que vous a décernées la reconnaissance de toute une cité ! Nous vous avons suivi, au lieu où, confondu avec les Princes de l'Eglise et avec les saints, vous attendez comme eux le jour de la résurrection. Toujours cette place nous sera sacrée, car elle est pour nous la tombe d'un père ; nous aimerons à y prier pour vous, en attendant le jour désiré, où le cœur divin de Jésus, se faisant le gardien de votre propre cœur, nous apprenne à nous souvenir chrétiennement de vous et à vous aimer plus filialement, en lui et pour lui. Et c'est ainsi que toujours vous nous parlerez par le *souvenir*. *Defunctus adhuc loquitur.*

J'ai ajouté, Mesdames, que Mgr Landriot vous parlera encore par ses ouvrages.

II

Ils sont précieux, certainement, les *Souvenirs* que je viens de vous rappeler, et vous les estimez à leur valeur ! Et pourtant, malgré nous, ils s'affaibliront avec les années ! Dieu a voulu que, sur cette terre si justement appelée une *Vallée de Larmes*, l'homme possédât le don d'oublier ; et ce don est un des plus visibles bienfaits de la Providence. Que deviendrions-nous, en effet, si la mort d'un père, d'une mère, d'un mari, d'un enfant mille fois aimé, pesait à jamais sur notre âme aussi cruellement qu'au premier jour ? Que deviendrions-nous, si les plaies de notre cœur ne se cicatrisaient avec le temps, quand le cours des années nous apportera de nouvelles blessures, aussi navrantes que les premières ? Vous ne l'avez pas ainsi voulu, ô mon Dieu ! et pour nous rendre possible notre tâche ici-bas, vous permettez que les souvenirs les plus tristes s'atténuent et se perdent dans un lointain consolant et doux. Ainsi en arrivera-t-il certainement des souvenirs laissés par notre illustre Archevêque.

Mais, grâce à Dieu, à côté de ses *souvenirs,* il nous a donné des *œuvres,* à l'aide desquelles il sera toujours vivant, toujours agissant, toujours parlant au milieu de nous ; et jusqu'aux âges les plus lointains, ceux qui viendront après nous pourront dire, comme nous le disons aujourd'hui : *defunctus adhuc loquitur,* il n'est plus, et il nous parle encore. Je veux rappeler, Mesdames, les précieux *livres* qu'il a composés pour vous.

Pendant sa vie, vous étiez heureuses de l'entendre, et quelque multipliés que fussent ses discours, vous ne l'entendiez jamais assez Que de fois vous auriez voulu recourir à ses conseils ? Mais le respect, la timidité, l'embarras des affaires, l'éloignement, ne vous permettaient pas de pénétrer jusqu'à lui, ou même d'oser solliciter une audience. Ses livres vous parleront, vous répondront toujours ! Ils seront toujours prêts, non pas à ses moments, mais aux vôtres. Le jour, la nuit, vous le trouverez ; il vous suit jusque dans votre sanctuaire le plus intime, il s'assied à votre chevet pour vous parler de Dieu. A quelque heure que vous le vouliez, il est là, vous prodiguant ses comparaisons gracieuses, ses observations si pleines de finesse, sa science profonde de tous les mystères du cœur, sa bonté toujours spirituelle, excitant la sensibilité de l'âme pour mieux la soulager, la nourrissant des doctrines de la piété la plus solide, toute formée de la moelle substantielle de la Tradition catholique, appliquée par le sentiment exquis des besoins de notre siècle, et vivifiée par la piété la plus sincère.

Ah ! Mesdames, jouissez de tous ces beaux livres ! Que dis-je ? soyez-en justement fières, car ils ont été composés pour vous ; ils vous sont dédiés ; ils portent vos noms à côté du sien ; et, grâce à eux, grâce aux traductions qui en sont faites dans toutes les langues de l'Europe, vos *Associations* de La Rochelle et de Reims sont connues du monde entier ! Partout où, en français, en anglais, en italien, en allemand, on savoure les délicieuses pages de la *Femme pieuse*, ou de la *Femme forte,* on porte une sainte et légitime envie à celles qui les ont entendues tomber des lèvres du pieux auteur, et à qui elles ont été primitivement adressées.

Mais voici quelque chose de bien plus précieux ! Votre *Association de la Miséricorde* vous est doublement chère. Vous l'aimez pour les pauvres, que vous êtes heureuses de soulager ; vous l'aimez plus encore pour vous-mêmes, car elle est, vous le reconnaissez, un tout-puissant secours pour vos âmes, par la prière commune, par les pensées qu'elle vous suggère, par les instructions qu'elle vous procure. Eh bien, voulez-vous apprendre à l'aimer davantage en vous pénétrant plus intimement de son esprit ? Appelez le restaurateur, le fondateur de votre œuvre. Il vous rapportera, dans les premières pages du livre *Des Péchés de la Langue*, l'éloquente instruction qu'il vous adressait d'ici même le 21 mars 1868. Et sa parole si suave ne se contentera pas de frapper vos oreilles, comme un concert harmonieux, sans vous laisser le loisir de l'admirer en détail autant que vous l'auriez désiré. Fixée pour jamais par l'impression, elle vivra pour vos yeux ; et vous pourrez, tout à l'aise, la méditer, vous en pénétrer, afin de la traduire plus parfaitement dans vos actes. Vous lui aviez demandé au premier jour de vos réunions : *quid faciemus* ? Monseigneur, que ferons-nous ici ? et il vous a répondu : nous nous *réunirons*, pour centupler l'efficacité de nos aumônes, en groupant nos ressources. Nous *prierons* en commun, parce que là où deux ou trois sont réunis au nom de Dieu, il est toujours au milieu d'eux pour les exaucer. Nous *méditerons* ensemble sur les devoirs de la femme chrétienne, parce que son action sera d'autant plus influente pour le bien, qu'elle connaîtra mieux son devoir, et qu'elle saura mieux en apprécier l'importance.

Mais que fais-je, Mesdames, par cette analyse sèche et décolorée, moins complète qu'une table des matières ? Allez à l'Auteur ! car il vit dans son livre et il vous parle toujours, *defunctus adhuc loquitur !* Lisez, méditez, étudiez à fond ces · leçons d'un grand Evêque, écrites, composées spécialement pour vous ! Elles ont leur place dans toute bibliothèque de Dame qui aime à comprendre sa religion, à côté des beaux traités de Fénelon ou des immortels conseils adressés par saint François de Sales à sa chère Philothée. Mais ceux-ci ne sont plus applicables en tout ; le temps où vivaient leurs auteurs différait trop du nôtre ! Ceux de Monseigneur Landriot, au contraire, extraits, pour le fond, de l'immuable doctrine de N. S. J.-C. et des Saints, sont rendus éminemment pratiques pour vous, par les détails de mœurs les plus précis, et d'autant mieux appropriés à vos besoins, qu'ils ont été recueillis sur la nature même, comme de vraies photographies, dans vos salons, dans vos entretiens, au milieu de vous, par l'observateur le plus sagace.

Venez, Mesdames, lui demander souvent ce que vous avez à faire pour être vraiment chrétiennes, *quid faciemus?* Et il vous l'enseignera tout aussi éloquemment que quand vous aviez le bonheur d'entendre sa parole, *defunctus adhuc loquitur.*

La femme chrétienne, vous dira-t-il, doit avant tout être *forte.* La vertu se fonde sur une volonté énergique et solide, et non pas sur le sable mouvant de velléités inconstantes. Pour être *forte*, il est nécessaire qu'elle soit *pieuse*, c'est-à-dire, qu'elle aime Dieu, avec une tendresse filiale, comme on aime un père. Car alors, elle aura confiance en lui, elle saura s'appuyer sur lui et recourir à lui par la prière. Ses résolutions deviendront inébranlables, parce que la grâce en sera le soutien. Sa piété la rendra fidèle aux saintes pratiques qui sont l'aliment de l'âme : l'oraison, qui parle à Dieu ; la lecture pieuse, qui écoute Dieu en écoutant les saints ; la réception des Sacrements, sans lesquels la vie ne saurait ni s'alimenter, ni se soutenir. L'âme chrétienne, usant de ces moyens, marchera de vertus en vertus ; *l'humilité* sera sa compagne ; elle chassera, et la jalousie, et la vanité, et l'amour-propre, ces sources intarissables des *Péchés de la langue*, laquelle n'est jamais que l'interprète et l'écho d'un cœur trop imparfait. Enfin, pour couronner l'œuvre de la perfection, la *Ste Communion* vous apporte les trésors du ciel, et votre guide vous dira, dans le plus admirable langage, comment vous devez vous y préparer, comment en approcher, en rendre grâce à Dieu, pour communier saintement et avec fruit. Quel trésor, Mesdames, que l'ensemble de ces précieux ouvrages ! Ce n'est plus de la tombe que cette voix sort pour vous instruire, *defunctus adhuc loquitur*, c'est du Ciel qu'elle descend, pour vous parler le langage de Dieu. Un autre traité avait été composé pour vous ; c'est cette cruelle maladie qui n'a pas permis de vous le faire entendre. Véritable voix d'outre-tombe, il vous sera prochainement livré, comme les adieux de votre Père et son testament suprême. Il y parle du devoir fondamental de votre association, de *l'aumône*, et de la manière de remplir cette obligation si essentielle à la vie chrétienne. Avec quel empressement vous l'accueillerez ! D'autant plus, qu'en le propageant, vous accomplirez une double bonne œuvre. Car, vous le savez, après avoir donné aux Séminaires, à sa Cathédrale, à l'Eglise de son prédécesseur saint Remi, aux Communautés pieuses de sa ville métropolitaine, et d'ailleurs, à peu près tout ce qu'il possédait, votre saint Archevêque a voulu que le produit de ses ouvrages, le fruit de son travail et de ses veilles, fût la part de vos pauvres. Prédication bien touchante, que celle qui unit l'exemple à la parole, pour nous encourager au bien, *defunctus adhuc loquitur !* Prions pour lui, dans le reste de cet office, afin que, comme Abel, il parle à Dieu pour nous, et nous envoie de là-haut les bénédictions qu'il aimait tant à répandre sur nous ici-bas, et qu'un jour nous puissions, au sein de Dieu, jouir à jamais de ses entretiens. *Defunctus adhuc loquitur*. Amen.

Imprimerié Coopérative de Reims, rue Pluche 24.